SLOW FOOD

PEPE E PEPERONCINO

Pfeffer und Peperoni

Scharfe Schoten und feurige Körner

Roberto Bosi

Deutsch von Susanne Bunzel

EDITION SPANGENBERG BEI
DROEMER KNAUR

Die italienische Originalausgabe ist bei Nardini Editore in Fiesole (FI) unter dem Titel *Pepe e peperoncino* erschienen.
Idee und Gesamtleitung der Reihe: Paola Rigotti
Redaktion: Andrea Galeazzi

Umschlaggestaltung: Lorenzo Crinelli
Umschlagillustration: Miniatur in einem lombardischen Kodex aus dem 15. Jahrhundert
Printed in Italy
ISBN 3-426-26994-5

5 4 3 2 1

PFEFFER

Was ist Pfeffer?

Das Wort *Pfeffer* leitet sich vom lateinischen Begriff *piper* ab, womit auch die 1737 von Linné klassifizierte Pflanze bezeichnet wird. Der *Piper nigrum* gehört zu den Piperaceae, der bedeutendsten Familie innerhalb der Ordnung Piperales. Zu dieser Familie gehören rund fünfzehn verschiedene Gattungen – eine Zahl, die allerdings immer noch umstritten ist – von Wiesenpflanzen, Bäumen, freistehenden und Kletterpflanzen. Die Pfefferbäumchen besitzen immergrüne einfache (das heißt nicht geteilte) Blätter in wechselständiger Blattstellung, die sich aber fast nie direkt gegenüberliegen. Diese Blätter sind ziemlich breit und wachsen an einem Stengel aus dem Stamm heraus. Die Blütenrispen sind dagegen eher unbedeutend. Die Früchte nennt man Beeren (einige Experten sprechen auch von kleinen Steinfrüchten).
Die kleinen kugelförmigen Früchte des *Piper nigrum* (Pfefferbeeren) röten sich

bei der Reife und stehen in Rispen zusammen. Werden die Früchte vor der Reife geerntet, ergeben sie den berühmten schwarzen Pfeffer, der seit der Antike als Gewürz verwendet wird. Die voll ausgereiften Beeren dagegen werden von ihrem Perikarp (die Fruchtwand) befreit und kommen als sogenannter »weißer Pfeffer« in den Handel.

Die Gattung *Piper* umfaßt rund sechshundertfünfzig Arten, die in den tropischen Regionen Asiens, Afrikas und Amerikas gedeihen. Man vermutet jedoch, daß die eigentliche Heimat des schwarzen Pfeffers in Indien oder zumin-

dest in den tropischen Ländern Asiens liegt. Heute wird Pfeffer vor allem in Malaysia angebaut.
Des weiteren existieren noch einige andere sehr bedeutende Pfeffersorten wie zum Beispiel: Kubeben-Pfeffer (*Piper cubeba*), eine auf der Insel Java beheimatete Kletterpflanze, die wegen ihrer ätherischen Öle vielfach in der Arzneimittelherstellung verwendet wird. Der *Piper guineense* stammt, wie sein Name vermuten läßt, aus dem Golf von Guinea in Afrika und wird vor allem von den Aschanti geschätzt. Der *Piper longum*, der wirklich besonders lange Fruchtstände aufweist, wird auch in Malaysia angebaut. In diesem Zusammenhang muß auch der *Piper reticulatum* erwähnt wer-

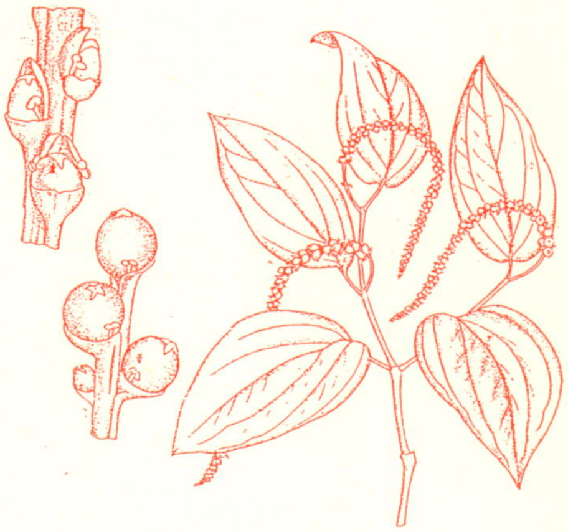

den. Diese Pfeffersorte stammt aus Brasilien und enthält giftige Alkaloide. Als Pfefferknöterich wird der *Polygonum hydropiper* bezeichnet, der in Feuchtgebieten und in Uferregionen gedeiht. Die Pflanze spielt als blutungshemmendes

Mittel eine wichtige Rolle in der Volksmedizin, gehört aber trotz ihres irreführenden Namens botanisch nicht zu den Pfeffergewächsen. »Cayennepfeffer« lautet der gewöhnliche Name des *Capsicum frutescens*. Auch diese Pflanze gehört nicht zu den Pfeffersorten, sondern zu den Nachtschattengewächsen und ist damit eine Verwandte des Paprikas. Auch sie ist in den Tropen beheimatet. Ihre Fruchtkapsel ist in der Regel grün oder rot und wird als scharfes Gewürz geschätzt und angebaut.
Im allgemeinen Sprachgebrauch kennt man außerdem noch den Steinpfeffer oder Mauerpfeffer, bei dem es sich in Wirklichkeit jedoch nicht um einen Pfeffer, sondern um eine Fetthenne aus der Gattung der Dickblattgewächse handelt.

Eine lange Geschichte

Pfeffer ist seit sehr langer Zeit als Gewürzpflanze bekannt. Denn die ältesten Hochkulturen entwickelten sich gerade in den Regionen, in denen der Pfeffer gedeiht. So zum Beispiel Indien, wo in frühgeschichtlicher Zeit, das heißt Anfang des ersten Jahrtausends v. Chr., Kulturen am Indus und Ganges entstanden. In den Handelsstädten Harappa und Mohenjo Daro waren die Lagerhäuser des Königs und der bedeutendsten Kaufleute bis obenhin mit prallen Säcken gefüllt, in denen Pfefferkörner

vor Feuchtigkeit geschützt lagern konnten.
In Sanskrit-Dokumenten ist immer wieder die Rede vom Pfeffer, von jener »wundersamen Frucht«, die die Speisen konservieren hilft. Auch bedeutende Schriftsteller des Mittelmeerraums, wie beispielsweise Hippokrates, Theophrast und Dioskurides erwähnen in ihren Werken verschiedene Pfeffersorten, namentlich den schwarzen, den weißen und den langen Pfeffer.

Zur Zeit von Kaiser Augustus herrschte reger Warenverkehr im Mittelmeerraum, den der Kaiser noch zu intensivieren gedachte. Handelsschiffe fuhren nach Indien und zur malaysischen Halbinsel Malakka, um Pfeffer zu laden oder um ihn zu vertreiben; im Gegenzug brachten sie wertvolle Erzeugnisse aus dem Abendland nach Asien.
Apicius, der sich nicht nur als Kochbuchautor (er vermachte der Nachwelt seine hervorragende »De re coquinaria«), sondern auch als unverbesserlicher und unvergleichlicher Feinschmecker einen Namen machte, bezeichnet den Pfeffer mehrfach als Geschenk der Götter.
Doch alles der Reihe nach:
Hippokrates wurde um 460 v. Chr. auf der Insel Kos in der Ägäis geboren. Er

wurde über neunzig Jahre alt und war einer der berühmtesten Ärzte der Antike. Er verwendete langen indischen Pfeffer als Arznei und nicht als Gewürz. Sein Zeugnis ist besonders wichtig, denn wir wissen, daß er einen Großteil seines Fachwissens aus der täglichen Erfahrung, aber auch auf ausgedehnten Reisen nach Asien und Afrika sammelte.
Ein weiteres wertvolles Zeugnis aus der Antike stammt aus den Schriften von Theophrast. Der Naturforscher wurde 372 v. Chr. auf der Insel Lesbos geboren,

war Schüler des Aristoteles und sein Nachfolger in der Leitung der Schule von Athen. Er gilt als einer der Väter der Botanik. Theophrast verfaßte zwei Bücher über die damals bekannten Gewürze, eine »Geschichte der Pflanzen« und eine Studie »Über die Gerüche«. Dort erwähnt er neben Terpentinpistazie, Weihrauch, Myrrhe, Zedern, Aleppokiefern, Mastixstrauch und vielen anderen Essenzen auch zwei Pfefferarten, die, wie er behauptet, den menschlichen Körper zu erwärmen vermögen und zugleich als Heilmittel bei verschiedenen Krankheiten eingesetzt werden können.
Weitere Informationen über den Pfeffer liefert Crateuas, Leibarzt von König Mithridates dem Großen. Er schrieb sein Wissen um das Jahr 80 v. Chr. nieder. Er beschäftigte sich intensiv mit einer Form von Präventivmedizin, da der König fürchtete, von Meuchelmördern, die von den Armeniern und Ziliziern gedungen wurden, und später von Sillas Gefolgsleuten vergiftet zu werden. Crateuas

taufte sein Gegenmittel zu Ehren des Königs *mithridatium*. Die Arznei war so wirksam, daß der Selbstmordversuch des Königs, der der Gefangennahme durch Pompejus zu entkommen suchte, mißlang. So beschreibt es jedenfalls Appuanus in seiner Biographie des Königs der Parther. Die Arznei setzte sich aus sechs-

unddreißig verschiedenen Ingredienzen zusammen, die wichtigsten darunter waren langer Pfeffer, Weihrauch, Myrrhe, Anis, Kardamom und Petersilie.

Der Pfeffer in Rom

Als die Bürgerkriege in Rom zu Ende waren, stellte Kaiser Augustus die *pax romana* wieder her. Die lange Friedenszeit unter seiner Regierung zeitigte natürlich auch wohltuende Auswirkungen auf den Handel. Der weitverbreitete Gebrauch von Pfeffer und anderen orientalischen Gewürzen in Rom geht auf die Eroberung Syriens durch Pompejus zurück. Zu jener Zeit erstreckte sich das römische Reich bis an die Ufer des Euphrat, der die historische Verbindung zum Persischen Golf und damit nach Indien darstellte. Die nun römische Provinz Syrien war außerdem westlicher

Endpunkt der berühmten Seidenstraße, die von Baktrien und China in den vorderen Orient führte und auf der neben Seide und anderen Gütern auch Gewürze transportiert wurden.
Mit dem endgültigen Sieg des Augustus über das Ptolemäerreich in Ägypten war der Weg für die römischen Kaufleute frei, die Handelshäfen am Roten Meer zu nutzen und von dort ins südliche Arabien und nach Indien zu reisen, woher die meisten Gewürze kamen.
Eines der wichtigsten Handelszentren für Pfeffer lag an der Stelle des heutigen Aden im Jemen. Augustus ließ die Stadt schleifen und brach sowohl das Monopol der Araber als auch die Handelsrechte der Ptolemäer. Der Kaiser ließ eine gewaltige Flotte bauen, um die römischen Handelsverbindungen mit Indien auszuweiten. Seine Handelskapitäne segelten denn auch bis an die Küsten von Malabar und brachten ein neues Gewürz nach Ägypten zurück: den schwarzen Pfeffer. Zuvor importierte man aus Indien nur den langen Pfeffer, der als Heilmittel eingesetzt wurde. Der schwarze Pfeffer leitete nun eine regelrechte kulinarische Revolution ein. Zudem konnte dieser neue Pfeffer Speisen haltbar machen. Ein tamilischer Dichter (das Volk der Tamilen ist auf Sri Lanka beheimatet) schrieb von den schönen römischen Schiffen, die in die Häfen der Insel einliefen, Goldmünzen brachten und mit Säcken voller Pfeffer wieder abfuhren.

Während der Regierungszeit von Kaiser Augustus entdeckten und untersuchten griechische Seefahrer (die vermutlich in römischem Sold standen) die Regelmäßigkeit der Monsune (die bei den Arabern *mausím* hießen). Die jahreszeitlich bedingten Winde werden durch die starken Temperaturunterschiede zwischen Festland und Meer hervorgerufen (im Winter wehen sie vom Festland Richtung Meer, im Sommer vom Meer Richtung Festland). Diese Entdeckung war von großer Bedeutung, denn damit konnte zwischen Rotem Meer und Indien ein regelmäßiger Warenverkehr eingerichtet und organisiert werden.

Aus jener Zeit findet man noch heute römische Münzen (vor allem die Aurei) in den antiken Häfen Muziris, Nelcyna und Bacare. Die von einem uns unbekannten Autor verfaßte »Umsegelung des eritreischen Meeres« – eine Art Schiffer- oder Hafenhandbuch aus den ersten Jahren des römischen Kaiserreichs – besagt, daß »große Lastschiffe, beladen mit gewaltigen Mengen Pfeffers« in jene Häfen segelten.

Der Verfasser der »Umsegelung« war vermutlich ein Zeitgenosse des Satirenschreibers Persius (gestorben 62 n. Chr.). Er nannte den Pfeffer *sacrum*, heilig.

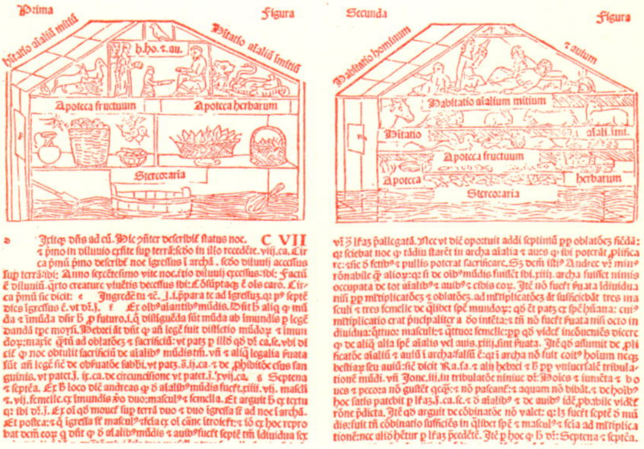

Denn der Pfeffer war in Rom zwar zu einem weitverbreiteten und gebräuchlichen Gewürz geworden, Spekulanten horteten jedoch große Mengen, um ihn dann zu verkaufen, wenn die Pfefferpreise gestiegen waren. Persius setzte hinzu, daß der Pfeffer auf der Tafel der reichen Römer »wie Tautropfen« behandelt wurde. Sehr zum Mißfallen der raffgierigen römischen Kaufleute führte der steigende Handel mit Indien und Sri Lanka jedoch zu einem regelrechten Pfefferberg und einem entsprechenden Preisverfall.

Nachdem die Regelmäßigkeit der Monsunwinde entdeckt wurde, stieg der Orienthandel beträchtlich. Mehr und mehr Kaufleute verließen die lange Landroute über Media und Mesopotamien und bevorzugten statt dessen den Seeweg über den Indischen Ozean nach und von Barygaza (dem heutigen Broach an der Westküste Indiens im Bundesstaat Gujarat). Auch im Neuen Testament ist vom Preisverfall indischer Gewürze zu lesen. Erwähnt wird eine Salbe aus einer Lavendelart, welche nun zu den gewöhnlichen Gewürzen zählt. Plinius der Ältere nennt sogar genaue Zahlen: der Preis für einen Liter Pfeffer sank von dreihundert auf einhundert Dinare. In dem Buch seiner »Naturgeschichte«, das der Botanik gewidmet ist, berichtet Plinius ausführlich über den Pfeffer. Vieles von dem, was er anführt, steht jedoch schon bei Dioskurides geschrieben. Der in Zilizien gebürtige Grieche war Militärarzt und unternahm ausgedehnte Reisen, auch nach Asien. Er verfaßte fünf Bücher über Heilmittel und Krankheiten. Plinius, der beim Ausbruch des Vesuvs im Jahre 79 n. Chr. umkam, sagt, daß »die Bäume, die den Pfeffer hervorbringen, gleich unseren Wacholderbäumen in verschiedenen Gegenden gedeihen, obwohl gesagt wurde, daß sie nur an der Südseite des Kaukasus wachsen. Die Samen unterscheiden sich durch die kleinen Schalen von den Wacholderbeeren; diese Schalen ähneln jedoch denen, die wir an den Lablabbohnen sehen (eine Kletterpflanze mit eßbaren Früchten, A.d.Verf.). Wenn diese Schalen geerntet und an der Sonne getrocknet werden, bevor sie sich öffnen, ergeben sie den sogenannten langen Pfeffer. Wenn sie sich jedoch während des Reifeprozesses langsam öffnen, bringen sie den weißen Pfeffer hervor, der in der Sonne getrocknet wird und eine andere Färbung annimmt ...«

Eine neuere Untersuchung dieses Textstücks legt nahe, daß Plinius hier einiges durcheinanderbringt. Vermutlich beruft er sich hier auf Dioskurides, der den langen Pfeffer mit dem gewöhnlichen Pfeffer verwechselt und den weißen Pfeffer für eine unreife Frucht hält; zur Untermauerung seiner These führt er eine Sanskrit-Vokabel an, die in Wirklichkeit jedoch nur die indische Herkunft des Pfeffers bezeugt.
Was Plinius über die Beliebtheit dieser Gewürze sagt, ist jedoch für uns von Interesse: Die Speisen gewinnen an Aroma »oder sehen appetitlich aus«, wenngleich

»der Pfeffer weder in seinem Fruchtstand noch in seiner Beere gefällig wirkt. Und dabei fährt man wegen seines scharfen Geschmacks bis nach Indien, um ihn zu holen.«
Die Bedeutung des Pfeffers in der römischen Welt war jedoch kein Einzelfall. Rom interessierte sich ebenfalls stark für andere Gewürze, die zum Teil auch für Salben und Duftwässer verwendet wurden. Die Ausgaben für diese Güter waren so hoch, daß Plinius in seinen Schriften über die Verschwendung von rund einhundert Millionen Sesterze klagte – für damalige Zeiten eine gewaltige Sum-

me. Darüber hinaus importierten der Hof und die römische Oberschicht Dufthölzer als Brennholz, um den starken Geruch der heimischen Hölzer (mit denen die meisten Häuser gebaut waren) zu mildern. Die Ausgaben Roms für orientalische Waren erreichten in den ersten Jahren des Kaiserreichs wahrlich astronomische Höhen. Der englische Historiker Innes Miller beruft sich auf Plinius, wenn er schreibt: »Die Menschen in der Stadt und auf dem Land hatten kein anderes Feuerholz als jenes, das nach Weihrauch und Myrrhe duftet, womit auch Schlangen aus dem Gestrüpp vertrieben werden konnten.«
Chroniken aus der ersten Kaiserzeit belegen, daß die Handelsschiffe nicht nur

in Indien Pfeffer holten, sondern daß auch der afrikanische Pfeffer in Rom äußerst beliebt war. Dieser Pfeffer wurde damals »libyscher Pfeffer« genannt, wahrscheinlich handelte es sich jedoch um Pfeffer aus den Tropengebieten Afri-

kas, der durch die Sahara bis in die libyschen Mittelmeerhäfen transportiert wurde.
Über die weitverbreitete Verwendung von Pfeffer als Gewürz herrscht heute kein Zweifel. Die Rezepte eines Apicius liefern dafür vielfache Beweise. Der wohlhabende Feinschmecker nahm sich aus Furcht, verhungern zu müssen, das Leben, weil sein Vermögen auf zehn Millionen Sesterze geschrumpft war. In seinem Handbuch zur Gastronomie »De re coquinaria« stellt er zahlreiche Rezepte vor, in denen der Pfeffer die Hauptrolle spielt.
So empfiehlt Apicius zum Beispiel, den in Rom so beliebten »Glühwein« mit vier Unzen gemahlenen Pfeffers zu würzen. Für eine Sauce, die zu Austern und Venusmuscheln gereicht wird, nennt er als Zutaten Pfeffer, Sellerie, Petersilie, Minze, Honig und Essig. Eine andere Sauce, die von den Römern sehr geschätzt wurde, setzt sich aus Pfeffer, Fischfleisch, Essig und Honig zusammen. Selbst so edle Delikatessen wie Trüffeln wurden mit einer Sauce aus zerstoßenem Pfeffer, Öl, Honig und Raute angemacht. Wer nach einer ausgedehnten Gasterei einen Digestif benötigte (und wir wissen, daß die Römer gerne tafelten), gab eine Unze Pfeffer, Kreuzkümmel, Raute, Ingwer und Datteln in ein Glas Essig und verrührte es mit reinstem Bienenhonig.
Eine scharfe Sauce aus dem Kochbuch

des Apicius besteht aus Pfeffer, mildem Käse, Essig, Pinienkernen und Rosinen. Zur Römerzeit war Essig allerdings keine Flüssigkeit, wie wir sie heute kennen, sondern eine dickliche Masse, die hauptsächlich aus verkochtem Most bestand. Apicius informiert uns auch, daß Pfeffer dazu diente, Krebs- oder Tintenfischbällchen mehrere Tage zu konservieren: man mußte ihn nur zusammen mit

Kreuzkümmel, Raute und Schweineleber fein hacken.

Viele dieser Zubereitungen unterscheiden sich erheblich von unseren heutigen Eßgewohnheiten. Doch selbst im modernen Italien werden bestimmte Wurstsorten (z. B. die sogenannten Lucaniche aus der süditalienischen Region Lukanien) nach traditionellen Rezepten ganz im Sinne Apicius' mit ganzen parfümierten Pfefferkörnern zubereitet. Mit süßem Wein, Eiern, Pfeffer und Kreuzkümmel geschmortes Hirn ist dagegen vielleicht nicht mehr ganz nach unserem heutigen Geschmack. Die Zeiten ändern sich eben.

Dennoch war der Erfolg des Kochbuchs längst nicht nur auf die Lebzeiten des Apicius beschränkt. Kaiser Antoninus Pius, der Nachfolger Hadrians, hatte das Buch gewissermaßen auf dem Nachttisch liegen, und auch fünfzig Jahre später beliebte Kaiser Elagabal darin zu schmökern.

Unter der Regierung von Mark Aurel wurde ein Verzeichnis für alle Gewürze angelegt, auf die Importzölle erhoben wuden. Neben Myrrhe, Ingwer, indische Narde, Sandelholz, Nelkenholz usw. fanden sich auf diesen Listen auch weißer Pfeffer und langer Pfeffer.

Für diese Gewürze mußte in den römischen Häfen ein Zoll von 25 Prozent gezahlt werden. Schwarzer Pfeffer und Weihrauch waren von diesen Zöllen ausgenommen. Daraus schließen einige Historiker, daß es sich dabei nicht um Luxusgüter, sondern um Artikel des täglichen Gebrauchs handelte. Pfeffer war unerläßlich als Würze und als Konservierungsmittel, Weihrauch war ein wichtiges Element für religiöse Feiern.

Wie wichtig der Pfeffer für die Römer war, zeigt sich auch daran, daß Kaiser Domitian im Jahre 92 n. Chr. im »Gewürzviertel« von Rom riesige Lagerhäuser für Pfeffer, die sogenannten *horrea piperataria*, errichten ließ.

Was den Gewürzhandel im ersten Jahrhundert n. Chr. betrifft, liefert uns die »Umsegelung des eritreischen Meeres« wichtige Informationen. Der unbekannte Autor erwähnt hier nicht nur den regen Warenverkehr auf der Monsunroute zwischen Bab al-Mandab (die Meerenge zwischen Äthiopien und Arabien) und Indien sowie Indonesien. Er schildert auch den Handel auf dem Landweg, der durch Zentralasien nach Indien und China führte. Dabei erwähnt er die Ernte von Zimt und Pfefferkörnern diesseits und jenseits der Grenze zwischen dem heutigen Assam und China in einem Land jenseits des Ganges, das er eindrucksvoll *Chryse* (»Land des Goldes«) nannte. Der Autor zählt verschiedene Gewürze auf: Myrrhe, Weihrauch, Zimt und Pfeffer, die allesamt für die Häfen am Roten Meer bestimmt waren.
Die wichtigsten Häfen auf dieser Reise

waren zweifellos Adulis (das heutige Zula) in Äthiopien und Muza in Arabien. Diese Angaben werden von Arrian bestätigt, der unter Kaiser Hadrian Statthalter in Kappadokien war. Sein Manuskript befindet sich im British Museum in London und enthält einen Bericht, der angesichts des besonderen Inhalts vermutlich nur für einen kleinen Personenkreis bestimmt war.

Die Schriftsteller der Antike liefern detaillierte Schilderungen der Routen und Anlaufhäfen zwischen Indien und Rotem Meer. Sie beschreiben den Hafen von Adulis, den Kaufleute aus Äthiopien, aus Aksum und aus Persien aufsuchten, um Waren zu kaufen, zu verkaufen und zu tauschen. Besondere Erwähnung findet hierbei immer wieder der Pfeffer, so auch bei Pseudo-Kallisthenes (griechischer Pseudo-Geschichtsschreiber, der die erste Fassung des sogenannten Alexanderromans verfaßte). Dieser Gewürzhandel war auch im Mittelalter noch lebendig.

In zwei Dokumenten finden sich besonders interessante Hinweise auf den Pfeffer: Als der Westgotenkönig Alarich im vierten Jahrhundert Rom eroberte, verlangte er als Auslöse Gold, Silber, Seide, Felle und Pfeffer. In einer Chronik steht zu lesen, daß die Sachsen genauso wie die Goten, Alanen und Hunnen den Pfeffer, der in den römischen Lagerhäu-

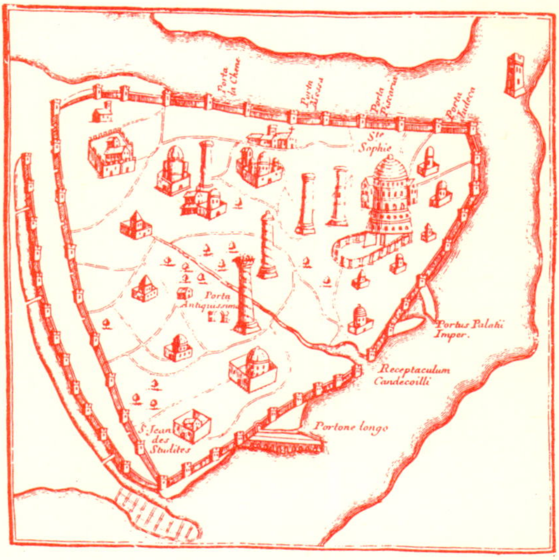

sern ruhte, aber vom Roten Meer und damit aus Indien kam, verlangten oder ihn gar, sobald sich Gelegenheit bot, raubten.

Umschlagplätze für Pfeffer

In den ersten Jahrhunderten n. Chr. war Adulis zu einem bedeutenden Handelszentrum für Pfeffer und andere Gewürze aus Indien angewachsen. Vor allem der in ausschweifendem Luxus residierende oströmische Kaiserhof in Konstantinopel verlangte umfangreiche Lieferun-

gen. Kaiser Konstantin ließ gar eine Gesandtschaft nach Aksum (von dem der Hafen von Adulis vermutlich abhing) reisen, um sich die bevorzugte Belieferung mit Pfeffer und anderen Spezereien zu sichern.
Mit großer Wahrscheinlichkeit hatten die Römer mit Hilfe griechischer und phönizischer Kaufleute, die die Gegend gut kannten, Adulis zu dem wichtigen Umschlagplatz für indischen Pfeffer gemacht, der gegen westliche Erzeugnisse eingetauscht oder mit Goldmünzen bezahlt wurde. Adulis war somit in den ersten Jahrhunderten der Kaiserzeit zu einer Handelsstadt geworden. Byzanz dagegen machte die Insel Delos in der Ägäis sowie Rhodos – beide Inseln liegen gleich weit von Zypern und Kreta entfernt – zu strategisch günstigen Handelsknotenpunkten. Dort kreuzten sich die wichtigsten Handelswege zwischen Ägypten und Byzanz mit denen zwischen Antiochien und dem weströmischen Reich. Eine geographisch günstige Lage war die wichtigste Voraussetzung für die Entstehung eines Handelsknotenpunktes – und Adulis bildete wirklich das Tor zum Roten Meer.

Zu Wasser und zu Land

Während Rom im Warenverkehr auf seine Handelsflotte zählte, konzentrierte sich Byzanz auf die Landrouten. Anstel-

le von Schiffen benutzte man Träger und Lasttiere. Auf der Seidenstraße, die in China beginnt und die Gebirgspässe des Pamir überquert, verließ man sich vor allem auf Kamelkarawanen; in der chinesischen Provinz Sechuan dienten Pferde als Lasttiere, während auf dem Teilstück in den Bergen des heutigen Afghanistan und Pakistan Träger die Waren transportierten. Im Indus- und im Gangestal kamen Büffelkarren zum Einsatz. Die Reise Richtung Osten erfolgte auf der Nordroute, die am Südrand des Altaigebirges vorbeiführte (*altai* bedeutet auf türkisch »Goldberge«; es ist jedoch nicht geklärt, ob der Name sich von den Handelskarawanen ableitet, die Reichtum über die Städte an der Seidenstraße brachte, oder ob sich dort Goldminen befanden). Auf den chinesischen und indischen Märkten erwarben die byzantinischen Kaufleute feinste Seidenstoffe, Salz, Bronzegegenstände und Pfeffer. Von Ägypten und von Anatolien (wo die Seidenstraße endet) wurden Pfeffer und

die übrigen Waren weiter nach Byzanz und Rom transportiert.

Da die Seidenstraße wegen der vielen Wegelagerer relativ unsicher war, erfolgte ein Großteil des Handels auf dem Seeweg. Der Hafen von Adulis erlebte bis zum vierten Jahrhundert einen gewaltigen Aufschwung, war er doch nur drei Tagesreisen von Elefantenherden und ihrem wertvollen Elfenbein und fünf Marschtage von Aksum, der Hauptstadt eines frühchristlichen Reichs entfernt (der erste Bischof von Aksum, der heilige Frumentius, starb dort im Jahr 380).

Laut Pseudo-Kallisthenes galt das afrikanische Aksum gewissermaßen als Hauptstadt des Pfeffers. Auch Cosmas Indicopleustes, byzantinischer Schriftsteller und Geograph aus der Zeit Justinians, beschreibt den Handel an der Ostküste Afrikas in seiner »Christiana Topographia«. Von Adulis führte die Landroute nach Aksum, dann weiter an den Fluß Atbara, von dort ins Niltal und schließlich an den Hafen von Alexandria, der während der Regierungszeit Justinians zum oströmischen Reich gehörte. Die Aksumiter kannten den Wert von Pfeffer und anderen Gewürzen sehr wohl. Das Volk der Habaschat (davon leitet sich der Name Abessinien ab) lebte früher im Süden der Arabischen Halbinsel, in der Gegend der heutigen Stadt

Aden, wo die indischen Waren umgeschlagen wurden. Von dort wurden die Habaschat durch die Parther vertrieben und ließen sich in Aksum nieder.

Pfeffer als Zahlungsmittel

Wie wir gesehen haben, herrschten zwischen dem west- und oströmischen Reich (Rom und Byzanz) und dem Fernen Osten (China) sowie Handelsstädten in Indien und Sri Lanka rege Wirtschaftsbeziehungen. Der Westen lieferte Goldmünzen und Erzeugnisse für die Seiden und Gewürze – allen voran Pfef-

fer – aus dem Osten. In der Antike galt der Pfeffer als wichtiges Tauschobjekt und wurde schließlich als regelrechtes Zahlungsmittel angesehen. Bischof Gregor von Tours schrieb beispielsweise in seiner »Historia Francorum«, daß es im siebten Jahrhundert in Marseille ein Lagerhaus gab, dessen Einnahmen von den Zöllen stammten, die auf die Spezereien aus dem Orient erhoben wurden. Der königliche Anteil belief sich auf einhundert Gold-Solidi, eine Währung, die im Jahre 312 von Kaiser Constantin anstelle der Aurei eingeführt wurde.
Papyrus, Pfeffer, Leinen- und Seidenstoffe, Damast, Olivenöl und Wein waren noch im achten Jahrhundert die wichtigsten Importgüter des Westens. Dabei wurden so große Mengen umgeschlagen, daß die Kaufleute aus dem Orient eigene Handelsagenturen im Westen eröffneten. Wunderschöne Münzen der

Merowinger hat man dabei fast überall gefunden, manchmal zusammen mit den römischen Solidi und Trientes. Urkunden aus der Benediktinerabtei Corbie in der Nähe von Amiens bestätigen, daß auf der Handelsroute, die an der Abtei vorbeiführte, Pfeffer, Datteln und Nelken transportiert wurden und daß die reichen Herren des Nordens klingende Münzen dafür zu zahlen bereit waren. Papyrus war ebenfalls eine wertvolle Ware, mit der man Lampen oder Fenster

abschirmen konnte. Den Löwenanteil dieser Waren nahm jedoch der Pfeffer ein.

Zu Beginn des Jahres 1000 lag ein Großteil des Orienthandels in den Händen der bedeutenden italienischen Seehäfen und in den Händen jüdischer Kaufleute, die noch im siebten und achten Jahrhundert von den Herrschern über Frankreich, König Clothar und Dagobert vertrieben wurden. Unter Karl dem Großen besserte sich ihre Lage, und sie genossen wieder eine größere Bewegungsfreiheit. Von den Völkern im Westen oft »Syrer« genannt, bereisten sie die alten Karawanenstraßen, beispielsweise vom Bosporus über Anatolien nach Mesopotamien und über Euphrat und Tigris weiter nach Bagdad und Basra, wo die exotischen Waren aus Indien und Südostasien feilgeboten wurden. Auf diesen orientalischen Märkten war Pfeffer eine beliebte Tauschware. Für Pfeffer bekam man zum Beispiel die berühmten Wollstoffe aus Flandern, die im Orient wegen ihres Glanzes und ihrer Weichheit sehr geschätzt waren.

In einigen Ländern galt der Pfeffer, wie bereits angedeutet, als echtes Zahlungsmittel. Sein Wert stieg mit der Nachfrage im Westen, die manchmal geradezu groteske Ausmaße annahm.

Der beste Pfeffer kam damals aus Sumatra. Auf den Sundainseln wurde er vielfach als Zahlungsmittel eingesetzt. Manchmal bezahlte man statt mit Pfeffer auch mit Zimt aus Sri Lanka. Die ebenfalls sehr begehrte Muskatnuß kam von der Insel Banda, während die wertvollen Gewürznelken nur auf einigen Molukkeninseln angebaut wurden.

Als Bagdad und Basra in die Hände islamischer Krieger fielen, erlebten die Handelsbeziehungen einen außergewöhnlichen Aufschwung. Der einzige Schwach-

punkt der islamischen Eroberer war damals die Schiffahrt. Italienische und katalanische Seefahrer konnten daher nach wie vor unbehelligt ihrer Tätigkeit nachgehen. Die Moslems lernten vielmehr von ihnen die damals fortschrittlichen Navigationstechniken.
Arabische Kanäle verbanden die Häfen am Roten Meer und im Persischen Golf mit indischen und malaysischen Hafenstädten und eröffneten wieder den Gewürzhandel mit China und den heutigen Philippinen. Der Pfeffer wurde in die Häfen am Roten Meer (an der Stelle des heutigen Aden und des früheren Adulis) gebracht und auf kleine und schnelle Segelschiffe, die sogenannten *sambuq*, umgeladen, die den Pfeffer dann in das heutige Suez brachten. Dort wurde der Pfeffer erneut umgeladen: lange Kamelkarawanen transportierten die Säcke ans Mittelmeer, wo bereits italienische und katalanische Handelsschiffe warteten.
Der wichtigste Umschlagplatz für das

Mittelmeer war Alexandria. Sämtliche großen Kaufleute Europas unterhielten hier ihre *funduq* – geräumige, umzäunte Lagerhäuser, in denen die wertvollen Güter aufbewahrt werden konnten. Um diese Lagerhäuser entstand manchmal eine ganze ausländische Gemeinde, die sich selbst verwalten durfte. Als Preis für diese Autonomie mußte sie allerdings

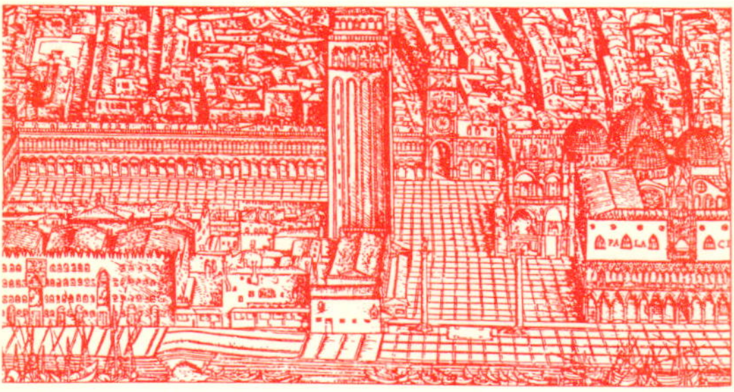

horrende Steuern entrichten. Statt mit Geld beglichen diese Gemeinden ihre Steuerschuld oft mit riesigen Mengen wertvoller Waren. Zu jener Zeit kam unter den venezianischen Kaufleuten die Redewendung von den »gepfefferten Preisen« auf.

Während Florenz für sämtliche Warengeschäfte ausschließlich Geld als Zahlungsmittel erlaubte, wurden beispielsweise in Genua Kredite gegen Pfeffer gewährt, weil sich das Gewürz auf den europäischen Märkten stets gut plazieren ließ. In der Tat war der Pfeffer im zwölften und dreizehnten Jahrhundert neben Salz und Tuch eines der wichtigsten Konsumgüter. Selbst die gestrenge Stadtregierung von Venedig erlaubte den Tauschhandel von Eisenerz gegen gewaltige Mengen an Pfeffer und Öl. Pfeffer wurde damals für fast alle Speisen verwendet – auch für Süßes!

Pfeffer und seine Fälschungen

Wir haben bereits gesehen, daß es verschiedene Pfeffersorten gibt. Genaugenommen bezeichnet man viele verschiedene Beeren als Pfeffer, die auch als solcher angeboten werden, obwohl es sich nicht um die Früchte des echten *Piper nigrum* handelt. Nur in ihrer Schärfe äh-

neln sie dem echten Pfeffer. Eingangs haben wir den Kubeben-Pfeffer, den *Piper guineense*, den *Piper longum*, den Cayennepfeffer, den *Piper reticulatum* aus Brasilien und einige andere Sorten erwähnt.

Pfeffer wird in ganzen Körnern oder bereits gemahlen angeboten. Geschmacklich intensiver ist frisch gemahlener Pfeffer. Sowohl die ganzen Pfefferkörner als auch das Pulver unterliegen Fälschungen. Die ganzen Körner werden oft mit sogenanntem »roten« oder »peruanischem« Pfeffer gestreckt. Diese Beeren sind längst nicht so exotisch, wie ihr Name vermuten läßt, gedeihen sie doch im subtropischen Klima des Mittelmeerraums. Der Geruch dieses Pfeffers erin-

nert stark an den gewöhnlich verwendeten Pfeffer. Sein Geschmack ist jedoch zunächst süßlich und dann ausgesprochen bitter. Der »peruanische Pfeffer« wird oft untergemischt, weil er sich in seinem Aussehen kaum vom echten Pfeffer unterscheidet. Der bereits gemahlene Pfeffer wird manchmal mit mineralischen Substanzen wie feinstem Sand oder mit gemahlenen Eicheln, Paprika, Mandelschalen oder Olivenkernen gestreckt. Da man diese Substanzen nicht so leicht erkennen kann, empfiehlt es sich, stets ganze Pfefferkörner zu kaufen und auf eine gleichmäßige Form der Beeren zu achten. Außerdem sollte man den Pfeffer direkt über die Speisen mahlen, denn das Pulver verliert rasch an Aroma.
Aus der Küche unserer Tage ist der Pfeffer nicht mehr wegzudenken. Er verleiht Fleisch, Fisch und Saucen eine angenehme Würze. Im Verbund mit anderen Gewürzen, wie beispielsweise im indischen Curry, wird er zur Konservierung vieler Speisen und Würste verwendet. In Maßen genossen, besitzt der Pfeffer verdauungsfördernde Wirkung.

Der letzte Schliff

Zahlreichen Speisen, auch einfachen Zubereitungen, verleiht eine Prise Pfeffer den letzten Schliff. Rezepte aus alten Überlieferungen oder aus der bäuerli-

chen Tradition, die gerade heute eine Renaissance in Feinschmeckerkreisen erleben, kommen selten ohne ein Quentchen Pfeffer aus.
Pfeffer, der frisch aus der Mühle kommt, schmeckt dabei am besten. Im Idealfall mahlt jeder Tischgenosse die gewünschte Pfeffermenge direkt über seine angerichtete Portion.
Alte, aber nach wie vor beliebte Rezepte, in denen Pfeffer eine bedeutende Rolle spielt, sind beispielsweise die italienische Pasta e fagioli (ein kräftiger Eintopf aus dicken Bohnen und Nudeln), die mit frisch gemahlenem Pfeffer und einem Schuß Olivenöl angerichtet wird. Ähnlich die bäuerliche Pasta e ceci (ein süditalienischer Eintopf aus Nudeln und Kichererbsen). In diesem Fall er-

gänzt der Pfeffer die Aromen von Rosmarin, fein gehackten Mangoldblättern und Olivenöl.
Für sämtliche Zubereitungen »à la tartare« ist das Pfefferaroma ganz besonders wichtig. Der Name leitet sich tatsächlich von den Ernährungsgewohnheiten der Tataren ab. Das nomadische Reitervolk Zentralasiens soll angeblich Fleisch und

Pfefferkörner während des Reitens unter den Pferdesätteln zerstoßen haben. Frisch gemahlener Pfeffer würzt die Sauce Tartare und auch das bekannte Tatar, das ursprünglich aus rohem und fein gehacktem Pferdefleisch bestand. Das Fleisch wurde dann mit schwarzem Pfeffer gewürzt.
Auf der Speisekarte vieler Restaurants nimmt schließlich das klassische Pfeffersteak einen bedeutenden Platz ein, das mit ganzen weißen oder zerstoßenen grünen Pfefferkörnern angeboten wird.

PEPERONI

Ein kleiner schmackhafter Paprika

Peperoni, Chillies, Schotenpfeffer oder Pfefferschoten sind nichts anderes als ein kleiner Paprika. Ihr wissenschaftlicher Name lautet *Capsicum annuum*, und sie gehören zur Familie der Solanaceae oder Nachtschattengewächse. Die einjährigen Pflanzen besitzen eine Pfahlwurzel und einen geraden Stiel, der bis zu einem Meter hoch werden kann. Die länglichen Blätter wachsen an einem langen Stengel aus dem Stiel heraus, die glockenförmigen Blütenkelche sind weiß bis gelblich. Die Früchte werden Beeren genannt und können unterschiedliche Formen annehmen. Sie sind rot oder grün und enthalten kleine und meist sehr scharfe Samen. Innerhalb dieser Gattung gibt es zahlreiche Arten, die ursprünglich aus den Tropengebieten Amerikas kommen, heute aber in aller Welt gedeihen. Man baut sie im Gemüsegarten an oder zieht die hübschen Pflanzen mit den leuchtendroten Früchten im Topf.

Die weite Verbreitung der scharfen Schoten ist auf die große Beliebtheit in vielen Küchen der Welt zurückzuführen. Nur im Übermaß genossen, führt die Frucht zu Entzündungen, Reizungen oder Ausschlag.
Das in der Pfefferschote enthaltene Alkaloid Capsaicin lindert jedoch, wenn es sparsam verwendet wird, Beschwerden im Bereich der Herzkranzgefäße und im Verdauungstrakt.
Der schwedische Botaniker Carl Linné klassifizierte den Schotenpfeffer, wie die Pflanze auch manchmal genannt wird, als *Capsicum annuum* um das Jahr 1750,

doch erst sehr viel später lernte man seine hervorragenden Eigenschaften kennen und schätzen.

Eine vitaminreiche Frucht

Neuere Untersuchungen haben gezeigt, daß 100 Gramm Pfefferschoten etwas mehr als 15 Gramm stickstoffhaltige Substanzen, etwas über 1 Gramm ätherisches Öl, 12,5 Gramm Öl, 35 Gramm nicht stickstoffhaltige extrahierbare Substanzen, 20,5 Gramm Zellstoff, einen geringen Teil Asche und 0,005 Gramm Capsaicin enthalten, das für die Schärfe verantwortlich ist.

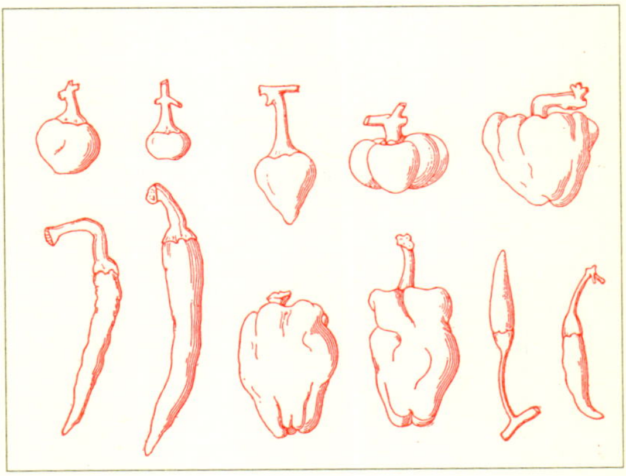

Darüber hinaus enthält Schotenpfeffer Aromastoffe, Lecithin, Vitamin A, Vitamin C, Vitamin E, Vitamin PP, Vitamin K_2 und Mineralsalze. Die Vitamine sind notwendig zur Gesunderhaltung des menschlichen Körpers. Ein klassisches Beispiel für den Einfluß der Vitamine

auf unseren Organismus bietet das Vitamin A, das die Eiweißaufnahme des Körpers regelt.
Die Zufuhr von Eiweiß allein, das in Fleisch, Fisch, Eiern, Milch, Käse und Hülsenfrüchten enthalten ist, genügt also nicht. Erst durch die Wirkung von Vitamin A können die Aminosäuren, das heißt die Eiweißbausteine, verwertet werden.
Vitamin E besitzt antitoxische Eigenschaften. Es dämmt die Bildung von freien Radikalen, die sich im Verbund mit Sauerstoffmolekülen schädlich auf den menschlichen Organismus auswirken. Hier zeigt sich die Fähigkeit von Peperoni, mehrfach ungesättigte Fette unschädlich zu machen. Die wohltuende und schützende Wirkung von Vitamin E für das Gewebe besteht in der Verlangsamung der Zelloxidation, die für den Alterungsprozeß verantwortlich ist.
Peperoni enthalten zudem viel Vitamin C, das bei der Vorbeugung gegen Krankheiten eine wichtige Rolle spielt. Die Funktionsfähigkeit der weißen Blutkörperchen, die gegen die Krankheitserreger zu Felde ziehen, hängt von einer angemessenen Zufuhr an Vitamin C oder Ascorbinsäure ab. Ein Mangel an Vitamin C führt unter anderem zu Skorbut.

Ursprung und Verbreitung der scharfen Schoten

Die Pflanze wurde von den spanischen Eroberern Anfang des fünfzehnten Jahrhunderts in Mittelamerika entdeckt und *pimiento* (spanisch: »Paprika«) getauft, weil sie der in Europa bekannten Paprikapflanze ähnelte.
Nachdem die Spanier den Schotenpfeffer nach Europa gebracht hatten (vielleicht war sogar der Arzt Chanca, der Kolumbus auf seinen Reisen begleitete, unter den ersten, die die Eigenschaften der Frucht zu schätzen wußten), verbreitete er sich rasch bis nach Asien. In Indien, das bereits seit undenklichen Zeiten für seine Gewürze und seinen Pfeffer bekannt war, genossen die scharfen

Schoten eine besonders starke Verbreitung.

Ähnlich wie der Pfeffer wurde auch Schotenpfeffer anfangs hauptsächlich zur Konservierung von Speisen eingesetzt. Erst später erkannte man die geschmacklichen Qualitäten – lange Zeit galt er als zu scharf. In Ungarn und in Bulgarien erzielte man mit dem Anbau von *Capsicum longum*, d.h. mit Paprika, große Erfolge. Daran hat sich bis heute nichts geändert. Oft wird der sogenannte

Cayennepfeffer, auch *Capsicum minimum* oder *Capsicum frutescens* genannt, mit Gewürzpaprika verwechselt. Dabei ist der Cayennepfeffer genau die Sorte, die von den Spaniern entdeckt und *pimiento* getauft wurde.
Doch hier sind sich selbst die Ernährungswissenschaftler und Gewürzexperten nicht einig. Der Name *pimiento* wurde angeblich für den jamaikanischen Chili verwendet, der nichts mit Paprikaschoten und auch nichts mit Gewürzpaprika gemein hat. Dabei handelt es sich vielmehr um die erbsengroße Frucht eines in den Antillen beheimateten Baums. Diese Frucht wird grün, vor der Reife geerntet und in der Sonne getrocknet. Dabei erhält sie eine kräftige, rötlich-braune Farbe. Der Duft, der auf die im Samen enthaltenen Öle zurückzuführen ist, erinnert stark an Gewürznelken. In der Küche Mexikos und Mittelamerikas wird dieser Samen zum Würzen von Suppen, Saucen, Fleisch und Fisch verwendet.
Der »echte« Cayennepfeffer dagegen besteht aus den ausgereiften, getrockneten und gemahlenen Früchten des *Capsicum frutescens*, das früher wild in den Feuchtgebieten Cayennes wuchs. Auch dieses Gewürz verwendet man für Suppen, Fleisch und Salat; außerdem regt es die Verdauung an. Man sollte Cayennepfeffer jedoch sparsam verwenden.

Gewürzpaprika

Gewürzpaprika wird aus ungarischem Paprika hergestellt: die roten Schoten werden dafür ganz fein zerstoßen und gemahlen. Dieses Pulver besitzt einen herben Geschmack und ist schärfer und feuriger als gewöhnlicher Pfeffer.
In der Botanik unterscheidet man verschiedene Arten von Paprika: roten Paprika, Königspaprika, spanischen Paprika und Chillies. Für ein gutes Paprikapulver zur Veredelung von Speisen

werden das Perikarp, die Samen, die Stiele und die Blütenstiele zerrieben. Gewürzpaprika wird vor allem in der Balkanküche zum Aromatisieren von Fleisch, Fisch und Saucen eingesetzt. In Indien mengt man das Pulver unter den Curry, eine Mischung aus vielerlei Gewürzen, die je nach Region oder gar Familie eine unterschiedliche Zusammensetzung aufweist; sie verleiht den Speisen, vor allem aber Reis, jene typisch grünliche Farbe. Curry sollte man wegen

seiner Intensität und Schärfe nur sparsam verwenden.

Ein neuer Geschmack

Es mag überraschen, daß die exotisch-scharfen Peperoni auch auf der Tafel der ärmeren Bevölkerung auftauchten. Doch gerade ihre Schärfe verlieh auch den einfachen Speisen eine interessante Würzigkeit.
Da sich das gemeine Volk Speisen mit einem charakteristischen Eigengeschmack, wie beispielsweise Fleisch oder Wild, nicht leisten konnte, wurde die kärgliche Kost mit den aromatischen

Schoten »aufgepeppt«. Hinzu kam, daß Peperoni wenig kosteten, während Pfeffer unerschwinglich teuer war. Denn die Beschaffung mit Hilfe von Karawanen und Handelsschiffen, die von den Monsunwinden abhängig waren, war umständlich und kostenaufwendig. Schnell fand man heraus, daß man auch mit Peperoni Speisen konservieren konnte: sie hemmen die Fermentation und Oxidation von Lebensmitteln.

In den ärmeren Ländern der Erde machte man sich diese Eigenschaften von Peperoni oder Chillies schnell zunutze. Gerade in jenen Ländern dient er zum Konservieren und zum Würzen der

wichtigsten Speisen. In vielen Ländern, wie zum Beispiel in Süditalien, werden Peperoni ungeachtet ihrer Schärfe sogar roh gegessen.
Die Ernährung der süditalienischen Landbevölkerung, der Bauern, Schafhirten, Kleinbauern und Landarbeiter war vitaminarm, was zu Mangelerscheinungen und Krankheiten führte. Peperoni stellten schließlich eine Mindestversorgung mit den wichtigsten Vitaminen sicher, außerdem verlieh die Schärfe der kleinen Schoten auch den ärmsten Gerichten eine interessante Note. Die Ernährung der Berg- und Landbevölkerung sowie der Fischer beruhte auf ein-

fachen Gemüsen und Mehl. Diese relativ eintönige Kost konnte durch die Zugabe von Peperoni entschieden interessanter gestaltet werden, außerdem machte das gemahlene Gewürz den Verlust der beim Garen über offenem Feuer zerstörten Vitamine zumindest teilweise wieder wett.

Der Anbau von Pfefferschoten

Pfefferschoten werden wie Auberginen, die ebenfalls zu den Nachtschattengewächsen gehören, aus Samen gezogen. Die Samen werden in einem Samenbeet ausgesät, das eine gute Sonneneinstrahlung genießt, lockeren Boden besitzt und gut bewässert werden kann. Da die Aussaat bereits in den ersten Frühlingstagen erfolgt, empfiehlt es sich, die Beete mit Folien abzudecken. Die jungen Pflänzchen werden dann in einem Abstand von ungefähr einem halben Meter gepflanzt, was etwa vierzigtausend Pflanzen pro Hektar entspricht. Der Ertrag liegt dann bei rund vierhundert Zentnern, wenn man pro Pflanze ein Pfund Früchte veranschlagt. Paprika, der nach dem glei-

chen Schema angebaut wird, liefert – wegen des höheren Gewichts der Schoten – einen etwa doppelt so hohen Ertrag.

Die Pflanzen erfordern während des Wachstums aufmerksame Pflege: Der Boden muß regelmäßig aufgelockert werden, um das Unkraut einzudämmen. Außerdem sollte der Boden mit Hilfe eines guten Bewässerungssystems frisch und locker gehalten werden. Die Früchte des Schotenpfeffers (Beeren) reifen im Spätsommer. Zu Zöpfen oder Bündeln zusammengefaßt, trocknen sie dann in der süditalienischen Sonne.

Fährt man im Herbst durch Süditalien, sieht man an vielen Häusern auf dem Land, aber auch in der Stadt, diese Bündel an der Luft trocknen. Die Früchte

brauchen in der Tat Licht und Luft zum Trocknen – und außerdem sehen die leuchtendroten Zöpfe an Terrassen und Hausmauern wunderhübsch aus.
Wer daheim ein paar Peperonipflänzchen ziehen möchte, setzt sie am besten in rechteckige Terrakottatröge und stellt sie auf eine helle und sonnenbeschienene Terrasse. Schon wenige Pflanzen genügen, um einen ganzen Jahresbedarf zu decken. Die Pflanzen für das folgende Jahr zieht man dann aus den Samen einer Schote.
Peperonipflanzen vertragen jedoch keine niedrigen Temperaturen, Eis oder Frost. Weitere Feinde sind Fäulnisbefall, der sich durch dunkle Flecken auf den Stielen äußert und die Früchte absterben läßt. Außerdem ist die Peperoncinopflanze auch bei winzigen Schädlingen sehr beliebt, die sich von den Blättern ernähren. Auch Blattläuse, die Bauern und Hobbygärtnern nur zu gut bekannt sind, wissen die Blätter zu schätzen. Gelegentliches Spritzen mit milden Insektenschutzmitteln ist daher unerläßlich.
Ettore Liuni, der sich als Fachmann für den Anbau der scharfen roten Schoten einen Namen gemacht hat, empfiehlt dagegen folgende Methode, die er von den Bauern in der süditalienischen Region Lukanien gelernt hat: »In einem Bottich eine konzentrierte Jauche von Brennesseln und Schachtelhalm herstellen, filtern und die Pflänzchen damit besprühen. Besonders darauf achten, daß auch

die Blattunterseiten gegen Schädlingsbefall behandelt werden.«
Zum Kochen und Würzen sollte man die Peperoni möglichst fein hacken oder in einem Mörser zu Pulver zerstoßen. Meist werden sie jedoch grob zerpflückt oder im Ganzen über die Speisen gegeben – was ganz schön unangenehm werden kann, wenn man so ein Stück erwischt. Das Pulver dagegen kann man gleichmäßig unter Saucen rühren; auch bestimmte Wurst-, Schinken und Salamisorten, wie zum Beispiel italienischer Capocollo, werden nach alter Tradition damit gewürzt.

Ein vielgeliebtes Teufelchen

Der indische Gastronomiepapst Amal Naj veröffentlichte vor kurzem eine richtungweisende Studie, in der er berichtet, daß viele berühmte Künstler regelmäßig Pfefferschoten oder Chili essen oder aßen: der Sänger Frank Sinatra, der Schauspieler Gregory Peck, der mexikanische Maler Diego Rivera, der Dirigent Zubin Mehta, um nur die bekanntesten unter ihnen zu nennen. Es ist nicht von der Hand zu weisen, daß der Verbrauch dieses Gewürzes in den letzten Jahren stark gestiegen ist und langsam, aber stetig den Pfeffer zurückdrängt.

Die Aufmerksamkeit, die dem scharfen Paprika auch in der Literatur gewidmet wird, ist gewiß außergewöhnlich.

Ungarischer Paprika war bis vor einigen Jahren vor allem als »edelsüßer« Paprika bekannt. Der scharfe ungarische Gewürzpaprika wurde dem namhaften Gastronomen Massimo Alberini zufolge von den Magyaren erstmals während der napoleonischen Kontinentalsperre in großem Maßstab eingesetzt, da durch die Seeblockade der Import von Pfeffer aus dem Orient unterbrochen war. Nach Alberini brachte Christoph Kolumbus die Chilipflänzchen als erster mit nach Europa. Sie erfuhren damals jedoch keine besondere Verbreitung, nur geringe Mengen wurden angebaut oder gezüchtet. In Süditalien wurden Peperoni allerdings schnell heimisch. Sie sind inzwischen so

Christoph Kolumbus

schen so stark in der Volksmythologie verwurzelt, daß sie mit »teuflischen« Bezeichnungen wie *diavolillo* (deutsch: »Teufelchen«) bedacht wird. Alberini weist denn auch darauf hin, daß das »Teufelchen« aus der italienischen Küche mit ihren Nudeln »all'arrabiata« oder ihren Saucen »alla diavola« nicht mehr wegzudenken sei.

Der König der mexikanischen Küche

Emilia Valli, einer namhaften Expertin mexikanischer Küche, zufolge erhält man einen guten Eindruck von der Bedeutung des Chillies für Mexiko, wenn man einmal durch das Viertel La Merced in Mexiko Stadt schlendert: Auf diesem riesigen und farbenprächtigen Markt sieht man Hunderte von Ständen, an denen alle nur erdenklichen Chilisorten in allen Formen und Farben feilgeboten werden.

Der mexikanische Chili soll hier nun eingehender betrachtet werden. In Mexiko gedeihen zahlreiche Chilisorten: von den milderen Ancho, Mulato und Pasilla bis zu den scharfen Serrano und Jalapeño. Insgesamt sind rund hundert verschiedene Sorten bekannt. Sie werden frisch, getrocknet oder zu Pulver zerrieben verwendet. Der klassische »Chili« besitzt einen kupferroten Farbton, ist äußerst scharf und winzig klein.

In Mexiko und in anderen zentralamerikanischen Ländern kommen außerdem vor: der sogenannte »Antillenchili« von feuerroter Farbe, der bis zu drei Zentimeter lang wird und eine rundliche Form hat; der dünne und bis zu acht Zentimeter lange Cayennepfeffer; der grüne Chili; einige Sorten werden vornehmlich trocken verkauft, wie zum Beispiel der herzförmige Chipotle, der eine ziegelrote Farbe besitzt und sich durch seine Schärfe und seinen Räucher-

geschmack auszeichnet. Häufig anzutreffende Sorten sind ferner der Malagueta und der grüne, vollaromatische Chile poblano. Diese Chillies werden zum Würzen von Saucen, aber auch für Bohneneintöpfe, Salate, Käse und – in

Maßen – auch zum Verfeinern von Obst verwendet.
Aus einer roten mexikanischen Chilisorte bereitet man die nach dem mexikanischen Bundesstaat Tabasco benannte Sauce zu: Diese höllisch scharfe Sauce wird nur tröpfchenweise über Speisen gegeben. Die hellrote Flüssigkeit wird aus in Alkohol eingelegtem Chili, Salz, Zucker und verschiedenen Gewürzen zubereitet und hauptsächlich über Fleisch gegeben, manchmal verleiht sie jedoch sogar Cocktails einen feurigen Touch.
Die Produktion von Tabascosauce beläuft sich auf rund fünfzig Millionen Fläschchen pro Jahr. In den USA, wo sie hergestellt wird, ist sie besonders beliebt – in den Südstaaten würzt man damit sogar Austern!

Die Anhänger von Peperoni und Chilli behaupten, daß man diese scharfen Gewürze zweimal täglich zu sich nehmen und Nudelgerichte, Fleisch und Fisch oder Salat damit würzen sollte.
In der Tat helfen die scharfen Schoten die Zellalterung zu verlangsamen. Sie steigern den Sauerstoffgehalt im Gewebe, regen den Blutkreislauf an, wodurch die Zellen besser versorgt werden.
Ein Enzym, das in den Früchten enthalten ist, besitzt gefäßerweiternde Wirkung und fördert dadurch die Durchblutung und damit eine bessere Sauerstoffversorgung der äußeren Gewebe. Das Vitamin PP trägt dazu ebenfalls bei: Es

hält – ebenso wie Vitamin E – die Kapillargefäße elastisch. Die äußersten und hauchfeinen Verästelungen der Blut- und Lymphgefäße werden gestärkt und sind dadurch weniger anfällig. Die Folgen davon sind ein schnellerer Heilungsprozeß bei Krampfadern, Hämorrhoiden, Schrunden und ein gewisser Schutz vor Arteriosklerose und Herzinfarkt. Einige Wissenschaftler haben herausgefunden, daß die Wirksamkeit des Scho-

tenpfeffers noch gesteigert werden kann, wenn man gleichzeitig auch Knoblauch zu sich nimmt. Der Blutdruck stabilisiert sich zumindest, wenngleich Schotenpfeffer sogar als Heilmittel gegen Bluthochdruck gilt.
So zeigt auch Ettore Liuni, daß Peperoni oder Chili den Cholesterinspiegel im Blut senken und gefäßerweiternd wirken. Die beste Wirkung erzielt man dabei, wenn man die Samenkörner zu Pulver mahlt, denn sie enthalten Lecithin, ein Lipoid, das das im Blut enthaltene Cholesterin bindet. Lecithin selbst fördert außerdem – zusammen mit Vitamin E – das Wachstum und die Versorgung der Zellen und ist damit für das körperliche Wohlbefinden von großer Bedeutung. Lecithin findet sich auch in Sojabohnen, im Eidotter, in Hirn und Knorpeln und gehört zu einer physiologisch äußerst wichtigen Fettgruppe. Lecithin hilft außerdem bei Blutarmut, bei Neurasthenie und Tuberkulose. Seine emulgierenden und antioxidativen Eigenschaften spielen zudem in der Nahrungsmittel- und Kosmetikindustrie eine bedeutende Rolle.
Nicht nur das Cholesterin beeinträchtigt die Effizienz der Blutgefäße. Hauptverantwortlich für Herzinfarkte sind meist Blutgerinnsel, die die Herzkranzgefäße und die wichtigsten Kapillargefäße blokkieren. Der Blutkreislauf wird plötzlich unterbrochen, Lähmungen, Gewebstod oder Tod sind die Folge. Einige Forscher

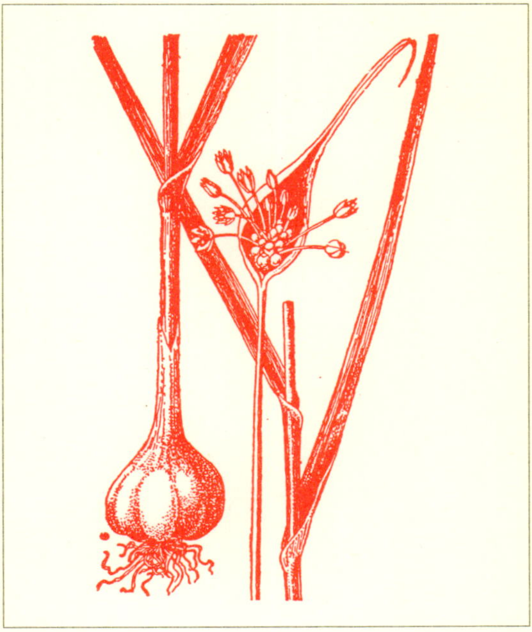

haben festgestellt, daß eine Vorbeugung rein mit natürlichen Mitteln und ganz ohne chemische Medikamente möglich ist: Neben angemessener körperlicher Bewegung und einer insgesamt gesunden Lebensweise sollte man reichlich gerinnungshemmende Nahrungsmittel wie Peperoni und Chili, Knoblauch und Zwiebeln zu sich nehmen. Die Medizinforschung hat einwandfrei festgestellt, daß die tägliche Aufnahme von Schotenpfeffer die Bildung von Blutgerinnseln hemmt und gegen die Verstopfung von Blutgefäßen vorbeugen hilft. Diese Forschungsergebnisse werden durch Daten aus Mittelamerika und Südostasien, wo Chili und Pfefferschoten in großen Mengen verzehrt werden, untermauert.
Laut Ettore Liuni wirken »Peperoni im

Darm, vor allem aber im Magen stimulierend. Er entschlackt die Magenwände, fördert den Appetit und die Verdauung.« Ißt man über einen langen Zeitraum hinweg regelmäßig von den scharfen Schoten, kann man eine interessante Wirkung auf den Darm feststellen. Schotenpfeffer wirkt gegen Fäulnis und Fermentation und verhindert, daß schädliche Substanzen ins Blut gelangen. Gerade bei übermäßigem Fleischgenuß oder bei Funktionsstörungen der Leber ist der Genuß von Peperoni daher angezeigt.
In den letzten Jahren hat man außerdem herausgefunden, daß Peperoni bei Seekrankheit helfen: Scheinbar vertreiben ungefähr zehn Gramm gemahlene Pe-

peroni, in einem großen Glas Wasser aufgelöst, sämtliche Beschwerden, vor allem aber Brechreiz, die mit der Seekrankheit einhergehen.

All diese Eigenschaften machen die scharfen Schoten gewissermaßen zum »Jungbrunnen« der armen Leute.

Die verhältnismäßig geringe Anzahl von Krebserkrankungen in Ländern und Regionen wie Basilikata, Kalabrien und Apulien oder Nordafrika sowie Griechenland und Türkei, in denen allgemein viel Peperoni gegessen werden, läßt auf eine tumorhemmende Wirkung der feurigen Schoten schließen. Diese Daten verlangen jedoch noch nach einer genaueren Überprüfung, doch allgemein besteht in Medizin und Wissenschaft

kein Zweifel mehr über die wohltuende Wirkung der Peperoni auf den Organismus. Wichtig zur Gesunderhaltung des Körpers sind ein paar einfache Grundregeln: gesunde und einfache Ernährung – zum Beispiel Peperoni mit Fleisch, Fisch und Gemüse; ausreichend körperliche Bewegung an frischer Luft.
Wenn Chillies und Peperoni tatsächlich tumorhemmend wirken sollten, dann beruht dies vermutlich auf ihrer Fähigkeit, die Zellen mit reichlich Sauerstoff zu versorgen. In der Tat weisen führende Mediziner auf »die Bedeutung von Antioxidantien bei der Verminderung von Krebsrisiken – beispielsweise im Magenbereich – hin.« Chillies und Peperoni sind, wie wir bereits gesehen haben, solche Antioxidantien und hemmen die Gär- und Fäulnisprozesse im Magen-Darm-Bereich. In den Ländern, in denen eine äußerst niedrige Tumorrate zu verzeichnen ist, zählt man auch sehr wenige Herz-Kreislauf-Erkrankungen. Ist dies vielleicht ein Indiz für unerwartete Eigenschaften der kleinen Schoten?
Bleibt noch zu klären, welche Substanz die Gefahr einer Krebserkrankung mindert. Gewiß spielt der hohe Gehalt an Vitamin C, das die menschlichen Abwehrkräfte im allgemeinen steigert, eine Rolle. Denn die weißen Blutkörperchen haben somit die Kraft, Eindringlinge abzuwehren. (Natürlich ist Vitamin C nicht nur in Schotenpfeffer enthalten, sondern auch in Zitrusfrüchten, frischem Obst

und Gemüse.) Außerdem enthalten Peperoni und Chillies Vitamin E, das für Blutgefäße und Herz sehr gesund ist. Warum also nicht aus diesen Früchten, die in der Natur in so reichem Maße vorkommen, ein Heilmittel für die vielen Gebrechen machen, die die Menschheit heute plagen?

REZEPTE

Falls nicht anders angegeben, sind die Zutaten für vier Personen berechnet.

Maccheroni alla carbonara

Zutaten: 400 g gerillte Maccheroni, Salz, 150 g durchwachsener Speck, 4 Eier, 4 Eßlöffel geriebener Pecorino, schwarzer Pfeffer aus der Mühle, außerdem geriebener Pecorino zum Servieren

Die Nudeln in reichlich Salzwasser kochen. In der Zwischenzeit den Speck in Würfel schneiden und in einem Pfännchen ausbraten. Die Eier in eine große Schüssel schlagen (ein Ei pro 100 Gramm Nudeln) und mit dem geriebenen Pecorino (ein Eßlöffel pro Ei) verrühren. Mit frisch gemahlenem Pfeffer würzen.

Die al dente gekochten Nudeln abgießen und mit der Ei-Käse-Masse vermengen. Die Hitze der Nudeln läßt die Eier dabei gar werden. Dann die Speckwürfelchen und das ausgebratene Fett darüber geben und nochmals gut durchmischen.

Nudeleintopf mit Kichererbsen

Zutaten: 300 g Kichererbsen, 2 Knoblauchzehen, 1 kleiner Rosmarinzweig, 50 ml Olivenöl extravergine, 2 Sardellenfilets, 400 g kleinformatige Nudeln, eine Handvoll Mangoldblätter, Salz, Pfeffer aus der Mühle
Die Kichererbsen über Nacht in Wasser einweichen. Knoblauchzehen und Rosmarin in Olivenöl andünsten. Die Kichererbsen abgießen und zusammen mit den fein gehackten Sardellen im Öl mitdünsten. Mit 2 1/2 l Wasser zum Kochen bringen. 45 Minuten bei mäßiger Hitze köcheln lassen. Die Hälfte der weichgekochten Kichererbsen püriert in die Suppe gießen. Den Rosmarinzweig herausfischen. Die Nudeln und die in Stücke gerissenen Mangoldblätter hineingeben. Weiterkochen, bis die Nudeln gar sind. Abschmecken. Suppe auf Teller verteilen, mit schwarzem Pfeffer übermahlen.

Nudeleintopf mit dicken Bohnen

Zutaten: 1 Mohrrübe, 1 Zwiebel, 1 Selleriestengel, 3 Eßlöffel Olivenöl, 2 Gewürznelken, 1 gehäutete Tomate, 350 g frische weiße Bohnenkerne (ersatzweise getrocknete Bohnen nehmen und über Nacht einweichen), nach Belieben 1 Knoblauchknolle und 1 kleines Bund Petersilie, 400 g kleinformatige Nudeln, Salz, 3 Salbeiblätter, Pfeffer aus der Mühle

Mohrrübe, Zwiebel und Sellerie putzen und fein hacken. Das Olivenöl in einem Topf erhitzen und das Gemüsehack darin andünsten. Die Nelken und die Tomate hinzufügen. Mit zweieinhalb bis drei Liter Wasser aufgießen. Die Bohnenkerne und nach Wunsch die geputzte Knoblauchknolle und die Petersilie hineingeben und alles zum Kochen bringen. Den Salbei hinzufügen. Nach Belieben auch ein Stück Parmesanrinde mitkochen; sie verleiht dem Gericht einen kräftigen Käsegeschmack. Nun die Nudeln hinzufügen. Sobald die Nudeln al dente gekocht sind, den Topf vom Herd nehmen.

Auf Teller verteilen und mit einer Runde frisch gemahlenem Pfeffer servieren.

Jakobsmuscheln in rosa Pfeffer

Zutaten: 48 Jakobsmuscheln, 40 g Butter, Salz, einige Spritzer Weißwein, etwa 40 rosa Pfefferkörner, 1 Teelöffel fein gehackter roter Paprika, 1 Petersilienstengel

Der sogenannte rosa Pfeffer ist eigentlich kein »echter« Pfeffer, sondern die Beere eines Strauchs aus Mittelamerika, die ein pfefferähnliches, aber viel zarteres Aroma besitzt.

Die Jakobsmuscheln putzen und sorgfältig unter fließendem kaltem Wasser putzen. Dabei die schleimigen Stellen entfernen. Die Hälfte der Butter in einer Pfanne erhitzen und die Muscheln gut eine Minute darin sautieren. Salzen und mit dem Weißwein besprengen. Aus der Pfanne heben, auf Küchenpapier kurz abtropfen lassen und auf Teller verteilen. Nun die Pfefferkörner, den fein gehackten Paprika und die fein gehackte Petersilie in die Pfanne geben und in der restlichen Butter schwenken. Einkochen lassen und über die Muscheln gießen.

Gebackene Miesmuscheln

Zutaten: 1200 g Miesmuscheln, 2 Eßlöffel Olivenöl extravergine, 1 Knoblauchzehe, schwarzer Pfeffer aus der Mühle
Die Miesmuscheln putzen. Eine feuerfeste Form mit Olivenöl ausgießen. Den Knoblauch durch die Presse drücken und gleichmäßig darin verteilen. Die Miesmuscheln hineinsetzen. Im heißen Backrohr backen, bis sich die Muscheln öffnen und das Öl fast vollständig verdampft ist. Aus dem Rohr nehmen und auf Teller verteilen. Bei Tisch großzügig mit schwarzem Pfeffer übermahlen.

Kaisergarnelen vom Rost

Zutaten: 12 Kaisergarnelen mit Kopf, Salz, Pfeffer aus der Mühle, 50 ml Olivenöl extravergine, 1 Petersilienstengel, 1 Zitrone
Die Garnelen putzen: die Schale entfernen und entdarmen, Kopf aber dranlassen. Aufschneiden und wie ein Buch aufklappen. Salzen, pfeffern und mit Olivenöl benetzen.
Auf den heißen Grillrost legen und bei

sanfter Hitze rundum gleichmäßig garen; mehrmals wenden, damit sie nicht verkohlen.
Auf einer Servierplatte anrichten und mit etwas Olivenöl und Zitronensaft beträufeln. Mit gehackter Petersilie garnieren und zuletzt mit schwarzem Pfeffer übermahlen.

Pfeffersteak

Zutaten pro Person: 1 Eßlöffel weiße Pfefferkörner, 1 Rindsmedaillon, 1 nußgroßes Stück Butter, Salz, 1 Gläschen Weinbrand, 1 Eßlöffel Sahne
Die Pfefferkörner grob zerstoßen und auf einen Teller streuen. Das Fleischstück auf den zerkleinerten Pfeffer legen und festdrücken. Umdrehen und die andere Seite genauso mit Pfeffer beschichten.
Die Butter in einer Pfanne erhitzen, salzen und das Steak von beiden Seiten anbraten. Den Weinbrand angießen und flambieren. Das Fleisch etwas weniger als zehn Minuten darin garen. Zum Schluß die Sahne unterrühren.

Tatar

Zutaten pro Person: 150 g Tatar vom Rind, 1 Eßlöffel Zitronensaft, 1 knapper Eßlöffel Olivenöl extravergine, 1 Teelöffel Worcestershiresauce, Salz, Pfeffer aus der Mühle, 1 roher Eidotter, 1 Eßlöffel gehackte Petersilie, 1 Eßlöffel Kapern, eine halbe fein gehackte Schalotte, 1 Teelöffel scharfer oder mittelscharfer Senf, einige Tropfen Tabascosauce

Dieses beliebte Rezept aus frischem durchgedrehten Fleisch wurde in Italien früher vermutlich mit Pferdefleisch zubereitet.

Das Rindertatar mit Zitronensaft, Olivenöl, Worcestershiresauce, Salz und reichlich frisch gemahlenem Pfeffer würzen und gut durchmischen. Das gewürzte Fleisch auf einen Teller häufen und in der Mitte mit einem Teelöffel eine Vertiefung formen. Den rohen Eidotter vorsichtig hineingleiten lassen. Petersilie, Kapern, die feingehackte Schalotte, Senf (je nach Geschmack scharf oder mittelscharf) um das Rindfleisch arrangieren und die Tabascosauce hinzufügen.

Abschließend nach Wunsch noch einmal mit frischem schwarzem Pfeffer übermahlen.

Froschschenkel in Weißwein

Zutaten: 30 Froschschenkel, ein Dutzend Champignons oder Egerlinge, 4 Schalotten, 60 g Butter, 1 Eßlöffel Mehl, Salz, schwarzer Pfeffer aus der Mühle, Muskat, 1 Glas trockener Weißwein, 150 ml doppelte Kraftbrühe, 4 Eigelbe, 2 Eßlöffel Sahne
Eine Pfanne mit den Froschschenkeln auslegen. Die Pilze blättrig schneiden, die Schalotten hacken und beides über die Froschschenkel geben. Die Butter hinzufügen und alles unter mehrmaligem Wenden anbraten. Mit Mehl überstäuben, salzen und pfeffern. Mit einem Hauch frisch geriebenen Muskats aromatisieren. Langsam den Weißwein und die Kraftbrühe hinzugießen, dann etwa zehn Minuten durchköcheln. In der Zwischenzeit die Eigelbe mit der Sahne verrühren. Die Pfanne vom Herd ziehen und die Eiercreme vorsichtig unterrühren.

Das Gericht, das übrigens als Aphrodisiakum gilt, auf Teller verteilen und servieren.

Cotechino

Cotechino ist eine grobkörnige, relativ fette Kochwurst aus Oberitalien. Sie wird aus den Weichteilen und dem Fleisch von der Kehle und dem Kopf des Schweins sowie aus magerem Schweinefleisch gemacht. Das Brät wird gesalzen, mit ganzen Pfefferkörnern gewürzt und in Schweinedärme gefüllt. Danach wird der Cotechino über Holzfeuer leicht getrocknet (auf dem Land gab es dafür früher eigene Öfen, die mit Rebenholz befeuert wurden). Cotechino eignet sich nicht für eine lange Lagerung.

Die Wurst wird drei Stunden auf kleiner Flamme in reichlich Wasser gegart. Damit die Wursthaut nicht platzt, sticht man sie mehrmals mit einer Gabel ein. Man kann auch die grobe Naht an beiden Enden der Wurst öffnen, die Wurst in Gaze wickeln und dann garen.

Cotechino wird meist mit Linsengemüse oder mit Sauerkraut gegessen.

Gebratener Fasan

Zutaten: 1 küchenfertiger Fasan, 100 g Parmaschinken, 50 g Pancetta oder durchwachsener Speck, einige Salbeiblätter, 1 Eßlöffel grüne Pfefferkörner, Salz

Den Fasan waschen und trockentupfen. Schinken, Pancetta oder Speck und den Salbei fein hacken. Dieses Hack und die ganzen Pfefferkörner in den Fasan füllen. Zurückhaltend salzen. Den Fasan mit Küchenfaden und einer dicken Nadel zunähen. Dann in eine Terrakottaform setzen und in den auf 180 Grad vorgeheizten Ofen schieben. Während der Bratzeit regelmäßig mit Bratenfond beschöpfen.

Fasan aus dem Rohr heben, den Faden herausziehen, tranchieren und nochmals mit Bratenfond übergießen. Heiß servieren.

Schnecken in Rotwein

Zutaten: etwa 30 Weinbergschnecken mit Haus, 1 Glas trockener Rotwein, 1 Thymianzweig, 2 Lorbeerblätter, 1 Knoblauchzehe, 1 Petersilienstengel, 1 Glas würziger Wein (z.B. Südtiroler Gewürztraminer), Salz, Pfeffer aus der Mühle, 1 Ei, 50 ml Olivenöl extravergine, 2 Eßlöffel Paniermehl

Die küchenfertigen Schnecken in eine Pfanne setzen und mit trockenem Rotwein übergießen. Thymian, Lorbeer, Knoblauch und Petersilie hinzufügen und abschließend den würzigen Wein darübergießen. Großzügig salzen und pfeffern. Die Schnecken etwa eine Stunde in dieser Marinade auskochen. Aus der Pfanne heben und aus dem Haus ziehen; dabei den harten Teil des »Füßchens« entfernen.

Das Ei mit dem Olivenöl verquirlen. Salzen und pfeffern. Die Schnecken hineinsetzen und 3–4 Stunden durchziehen lassen. Herausheben, abtropfen lassen und in Paniermehl wenden. Auf kleine Spießchen stecken und über dem Holzkohlenfeuer rösten.

Kalbsmedaillons mit grünem Pfeffer

Zutaten: 4 Kalbsmedaillons, 1 Eßlöffel Mehl, 50 g Butter, 1 Glas Weinbrand, 1/2 Glas trockener Weißwein, 4 Teelöffel grüner Pfeffer, 1 Teelöffel Speisestärke, 200 g Crème double, 1/2 Eßlöffel Tomatenmark, Salz

Die Kalbsmedaillons in Mehl wenden und in der heißen Butter goldbraun braten. Aus der Pfanne heben, mit Weinbrand übergießen und ruhen lassen. Dann tröpfchenweise den Weißwein in der Pfanne angießen und die im Mörser zerstoßenen Pfefferkörner hinzufügen. Zu einer Sauce einkochen lassen. Fleisch wieder in die Pfanne setzen. Die Speisestärke mit der Crème double verrühren und zusammen mit dem Tomatenmark über das Fleisch geben. Ungefähr fünfzehn Minuten köcheln lassen.

Ripieno di magro

Zutaten: 300 g frische Ricotta, 2 Eier, 3 Eßlöffel geriebener Parmesan, Salz, schwarzer Pfeffer aus der Mühle, nach Belieben etwas Muskat

Mit »ripieno di magro« bezeichnet man eine fleischlose Füllmasse für verschiedene Nudelsorten, zum Beispiel Tortelli, Ravioli oder Cappelletti.

Die Ricotta mit einem Holzlöffel glattrühren und durch ein Sieb streichen. Anschließend die Eier und den geriebenen Parmesan einarbeiten. Salzen und pfeffern und zu einer gleichmäßigen Füllmasse verrühren. Nach Wunsch mit frisch geriebenem Muskat verfeinern. Falls die Füllung zu naß gerät, etwas mehr Ricotta beimengen; sollte sie zu trocken ausfallen, mit einem Eßlöffel Wasser geschmeidig rühren.

Trüffelsalat
(Rezept von Gioacchino Rossini)

Zutaten: 50 ml Olivenöl extravergine, 2 Eßlöffel feinster Senf, 2–3 Eßlöffel Weinessig, Saft einer halben Zitrone, Salz, Pfeffer aus der Mühle, je nach Marktangebot und Brieftasche 100 g oder mehr frische Trüffeln
»Gutes Olivenöl, Senf, Essig, Zitronensaft und Pfeffer in eine Schüssel geben. Diese Zutaten zu einer vollkommen glatten Creme aufschlagen. Die Trüffeln in hauchdünne Scheiben hobeln und die Creme darüber verteilen.«
Wir empfehlen Ihnen allerdings, den Pfeffer erst direkt vor dem Servieren über die Trüffeln zu mahlen.

Pinzimonio

Pinzimonio ist eine Sauce oder Tunke aus Olivenöl extravergine, Salz und frisch gemahlenem Pfeffer, in die rohes, fein geputztes Gemüse (zum Beispiel Salat, Karden, Fenchel, Mohrrübchen, Sellerie, Kohlröschen oder Brokkoli) getaucht werden.
In Italien serviert man diese »Crudités« gern als erfrischende Antipasti.

Peverada

Wie der Name schon andeutet, spielt Pfeffer bei diesem traditionsreichen Rezept eine tragende Rolle. Die Peverada bestand damals aus abgeröstetem Brot, Safran und Leberscheiben, die mit Pfeffer und verschiedenen anderen Gewürzen vermengt wurden. Sämtliche Zutaten wurden dann im Mörser zu einer Paste zerstoßen und mit Wein, Essig oder abgeschäumter Brühe verrührt.

Pearà

Die »Salsa Pearà« ist eine traditionelle Spezialität aus Verona.

Zutaten: 250 g altbackenes Weißbrot, 40 g Kalbs-, Schweine- oder Rindermark, 1 nußgroßes Stück Butter, etwas Fleischbrühe, Salz, Pfeffer aus der Mühle

Das Weißbrot in Scheiben schneiden und rösten. In einem (Terrakotta-) Pfännchen das Mark schmelzen. In der Zwischenzeit das geröstete Brot reiben. Die Semmelbrösel nun mit dem aufgelösten Mark vermengen und auch die Butter in der heißen Masse zerlassen. Mit Brühe aufgießen und eineinhalb Stunden durchkochen. Mit Salz und frisch gemahlenem Pfeffer abschmecken.

Sauce tartare

Zutaten: 4 Eier, 1 Prise Salz, weißer Pfeffer aus der Mühle, 50 ml Olivenöl extravergine, 1 Teelöffel Senf, 1 Eßlöffel Weinessig, 1 Bund Schnittlauch, 1 Maizwiebel

Diese beliebte und vielseitig kombinierbare Sauce wird kalt gereicht und sollte frisch, kurz vor dem Servieren, zubereitet werden.

Die Eier hart kochen, abschrecken und pellen. Die Eidotter herauslösen und mit einem Holzlöffel zu einer glatten Paste zerstoßen. Salzen und pfeffern. Mit Olivenöl geschmeidig rühren. Nach und nach Senf, Essig (ganz wenig), gehackten Schnittlauch und Maizwiebel unterrühren.

PAPRIKA UND PEPERONI

Gnocchi in Paprikasauce

Zutaten: 1 Eßlöffel Paprikapulver, 200 g Sahne, Salz, 400 g Kartoffelgnocchi, 1 nußgroßes Stück Butter, 1 Eßlöffel geriebener Parmesan

Das Paprikapulver unter ständigem Rühren in der Sahne auflösen und die Mischung zum Kochen bringen. Salzen. Auf lebhafter Flamme auf ein Drittel einkochen lassen. In der Zwischenzeit die Gnocchi in reichlich Salzwasser garen (etwa drei Minuten).

Die Sahnesauce mit etwas Butter verfeinern. Die Gnocchi abgießen, auf Teller verteilen und mit der Sauce überziehen. Mit geriebenem Parmesan bestreuen und servieren.

Spaghetti mit Knoblauch, Olivenöl und scharfen Pfefferschoten

Zutaten: 300 g Spaghetti, Salz, 50 ml Olivenöl extravergine, 3 große Knoblauchzehen, 1/2 Teelöffel Tomatenmark, 1 scharfe Pfefferschote, gehackte Petersilie zum Garnieren

Die Spaghetti in reichlich Salzwasser al dente kochen.

In der Zwischenzeit das Öl in eine Pfanne gießen. Die Knoblauchzehen pellen und in feine Scheiben schneiden. In die Pfanne geben und langsam goldgelb braten. Dabei darauf achten, daß sie nicht zu stark bräunen. Wenn das Öl gut heiß ist, das Tomatenmark und die zerriebene Pfefferschote einrühren.

Die Spaghetti abgießen und in eine Schüssel geben. Gründlich mit der Sauce vermengen und auf Teller verteilen. Mit gehackter Petersilie garnieren und servieren.

Spaghetti all'amatriciana

Zutaten: 1 Zwiebel, 1 Scheibe durchwachsener Speck, 50 ml Olivenöl, 1

Knoblauchzehe, 500 g gehäutete und entkernte Tomaten, 1/2 scharfe Pfefferschote, 300 g Spaghetti, Salz, 1 Eßlöffel milder Pecorino

Die Zwiebel häuten und fein hacken, den Speck fein würfeln. Das Olivenöl in einem Topf erhitzen. Zwiebelhack, Speckwürfelchen und die ganze, gepellte Knoblauchzehe darin goldgelb dünsten. Dann die fein gewürfelten Tomaten hinzufügen. Den Peperoncino zwischen den Händen zerreiben und einstreuen. Mindestens eine Stunde auf leiser Flamme köcheln lassen.

Die Spaghetti in reichlich Salzwasser bißfest kochen. Abgießen und mit der Tomatensauce anrichten. Mit geriebenem Pecorino bestreuen und servieren.

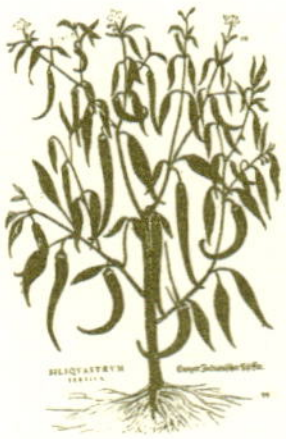

Spaghetti piccanti

Zutaten: 50 ml Olivenöl extravergine, 2 Knoblauchzehen, 4 Sardellenfilets, 1 Handvoll Petersilienblättchen, 500 g vollreife, gehäutete und entkernte Tomaten, 30 g Kapern, 100 g schwarze Oliven ohne Stein, 1 scharfe Pfefferschote, 300 g Spaghetti, Salz, Pecorino

Das Olivenöl langsam in einem Topf erwärmen. Die ganzen, gehäuteten Knoblauchzehen, die geputzten und fein gehackten Sardellenfilets und die Petersilienblättchen sanft andünsten. Bevor der Knoblauch Farbe bekommt, die gewürfelten Tomaten hinzufügen. Kapern, Oliven und Pfefferschote fein hacken und in die Sauce einrühren. Bei milder Hitze 20 Minuten schmurgeln lassen. Falls die Sauce zu viel Flüssigkeit verliert, etwas warmes Wasser angießen. Spaghetti in Salzwasser al dente kochen. Abgießen und mit der Sauce anrichten. Mit geriebenem Pecorino bestreuen und servieren.

Miesmuscheln

Zutaten: 1200 g Miesmuscheln, 2 Eßlöffel Olivenöl extravergine, 2 Knoblauchzehen, 1/2 scharfe Pfefferschote, 300 g enthäutete und entkernte Tomaten, 1 Glas trockener Weißwein, geröstete Weißbrotscheiben zum Servieren
Die Muscheln unter fließendem Wasser abbürsten und den Bart entfernen. Olivenöl erhitzen und eine ganze Knoblauchzehe sowie die zerriebene Pfefferschote darin andünsten. Sobald der

Knoblauch Farbe annimmt, herausfischen und wegwerfen. Die gewürfelten Tomaten in die Pfanne geben. Nach etwa zehn Minuten die Miesmuscheln hineinsetzen und bei lebhafter Hitze sautieren, bis sie sich öffnen. Dabei nicht umrühren, sondern mehrmals an der Pfanne rütteln. Weißwein angießen und einkochen lassen. Die zweite Knoblauchzehe hauchfein hacken und über die Muscheln streuen.

Seezungenfilets in Paprikasauce
(Rezept von Norman Douglas)

Zutaten: 8 Seezungenfilets, 3 Eßlöffel Mehl, 3 Eßlöffel Butter, 200 ml Sekt, ein paar Trüffelraspel, 1 gehackter Steinpilz, 2 Eßlöffel Sahne, 1 Teelöffel ungarischer Paprika, fein gehackte Petersilie zum Garnieren
Die Seezungenfilets leicht in Mehl wenden. Die Butter in einer Pfanne zerlassen, Fischfilets darin kurz braten. Mit Sekt ablöschen. Trüffelraspel und Steinpilzhack einstreuen. Sahne und Paprika einrühren.
Auf kleiner Flamme kurz durchkochen

lassen. Vom Herd ziehen und vor dem Servieren mit der fein gehackten Petersilie bestreuen.
Diesem Gericht sagt man aphrodisierende Wirkung nach.

Oktopus in scharfer Tomatensauce

Zutaten: 800 g kleine Oktopusse, 50 ml Olivenöl extravergine, 3 in Salz eingelegte Sardellen, 1 Knoblauchzehe, 30 g Kapern, 4 enthäutete und entkernte Tomaten, Salz, Pfeffer aus der Mühle, 1 scharfer Peperoncino, gehackte Petersilie
Die kleinen Oktopusse putzen und häuten, dann gründlich unter fließendem Wasser abspülen. Abtropfen lassen. In einer Pfanne zehn Minuten dünsten. Dann das Öl hinzugießen und nacheinander die geputzen und gehackten Sardellen, den gehackten Knoblauch, die Kapern und die in Würfel geschnittenen Tomaten dazugeben. Salzen und pfeffern und den zerriebenen Peperoncino einstreuen. Eine halbe Stunde schmoren. Wenn die Sauce zu stark einkocht, etwas warmes Wasser hinzugießen.

Mit gehackter Petersilie bestreuen, vom Herd nehmen und servieren.

Gulasch Triestiner Art

Zutaten: 800 g Rindfleisch (aus der Schulter), 500 g Zwiebeln, 60 g Schweineschmalz, 1 1/2 Eßlöffel Paprikapulver, 1 Gewürzsträußchen aus Majoran, Thymian, Rosmarin und Lorbeerblatt, 2 Eßlöffel Tomatenmark, Salz

Das Fleisch in grobe Würfel schneiden. Die Zwiebeln abziehen und in feine Ringe hobeln. Das Schmalz in einem Schmortopf erhitzen und die Zwiebelringe darin andünsten. Sobald sie zu bräunen beginnen, die Fleischwürfel dazugeben. Bei kräftiger Hitze rundum anbraten. Mit Paprika überstäuben. Das Fleisch unter vorsichtigem Wenden darin weiterbraten.

Die Wärmezufuhr reduzieren, Topf zudecken und alles rund zwanzig Minuten schmoren. Gegebenenfalls etwas Wasser zugießen, damit das Fleisch nicht anbrennt. Das Gewürzsträußchen hinzufügen und das mit etwas Wasser glattgerührte Tomatenmark untermengen. Wieder zudecken und auf kleiner Flamme eineinhalb Stunden schmoren.

Hähnchenbrust mit Orangen

Zutaten: 2 ganze Hähnchenbrüste, 2 Eßlöffel Olivenöl extravergine, die unbehandelte Schale einer halben Orange, 150 ml Sahne, Edelsüßpaprika, Salz, nach Bedarf etwas Milch

Die Hähnchenbrüste flach klopfen und halbieren. Die Fleischteile auf beiden Seiten vier Minuten in Öl anbraten.

Die Orangenschale in hauchfeine Streifen schneiden. Die Sahne über das Fleisch gießen, Orangenschale einrühren. Mit Paprika und Salz abschmecken. Fünf Minuten bei mittlerer Hitze durchkochen. Sollte die Flüssigkeit dabei zu stark einkochen, etwas Milch aufgießen.

Feurige Kartoffel-Zucchini-Pfanne

Zutaten: 300 g Kartoffeln, 300 g kleine Zucchini, Salz, Chilipulver, Olivenöl extravergine zum Servieren

Kartoffeln schälen und in zwei Millimeter dünne Scheiben schneiden.

Die Zucchini längs in dünne Scheiben hobeln. Etwa zwei Tassen Wasser in eine Pfanne gießen und zum Kochen bringen. Die Kartoffelscheiben hineingeben und zugedeckt garen. Nach einigen Minuten die Zucchini hinzufügen. Salzen und mit Chilipulver überstäuben. Bei milder Hitze fünf Minuten garen.

Wenn das Wasser verkocht ist, mit reichlich Olivenöl übergießen und heiß servieren.

Gefüllte Chilischoten

Zutaten: Große, runde und milde Chilischoten, Essig, Thunfisch, Sardellenpaste, Kapern, Olivenöl

Chilischoten im oberen Viertel quer durchschneiden. Kerne und feine Häute entfernen.

Wasser und Essig zu gleichen Teilen zum Kochen bringen. Die Chilischoten eine Minute darin blanchieren. Herausheben und abtropfen lassen. Aus Thunfisch, Sardellenpaste und Kapern eine Füllmasse herstellen. Die Schoten damit füllen. Schoten in eine Glasschale setzen, mit Olivenöl übergießen und einige Tage durchziehen lassen.
Kalt als Antipasto servieren.

BIBLIOGRAPHIE

Celso, *De Medicina*, Florenz 1904

Dioskurides, *Materia medica*, Berlin 1914

P. Bey, *Venere in cucina*, Mailand 1954

F. Dessì, *La signora in cucina*, Mailand 1955

Unbekannter Autor, *Periplo del Mar Eritreo*, Abschnitt 24 und 28, Transkription durch Fitzgerald, London 1961

E. Hyams, *Terre e civilità*, Mailand 1962

Theophrast, *Storia delle piante*, New York 1964

Apicius, *De re coquinaria,* Stuttgart o. J.

A. Goseti della Salda, *Ricette regionali italiane*, Mailand 1967

A. Lodisposto, *Enciclopedia dell'alimentazione*, Mailand 1972

L. Firpo, *Gastronomia del Rinascimento*, Turin 1973

Carlo M. Cipolla, *Pepper, Wine and Wool as Dynamic Factors ...*, Bologna 1973

J. Innes Miller, *Roma e la via delle spezie*, Turin 1974

E. Liuni und E. Peletta, Il peperoncino rosso nella alimentazione, in: *Quart*, Aosta 1982

Plinius d.Ä., *Historia Naturalis, Botanica*, Zürich o. J.

M. Alberini, *Senza peperoncino, la vita cos'è*, Mailand 1994

INHALT

Pfeffer

Rezepte

Pfeffer

Paprika und Peperoni